AF476036

QUESTIONS de SOCIOLOGIE

Amand RASTOUL
Archiviste Paléographe

Une Organisation Socialiste Chrétienne

Les Jésuites au Paraguay

BLOUD & Cie

420 — SCIENCE ET RELIGION — Études pour le temps présent

BLOUD & Cie, Editeurs, 4, rue Madame, Paris (VIe)

Vie et Pontificat de Sa Sainteté

LÉON XIII

PAR J. GUILLERMIN

Préface de S. G. Mgr ARNAUD, évêque de Fréjus et Toulon

2 beaux vol. in-8 avec portrait.

Prix : 8 fr. ; *franco* en gare............... 8.60

L'ouvrage de M. Guillermin est la synthèse la plus lumineuse qui ait encore été donnée au public de ce long règne d'un pape ayant remué tant d'idées et touché à tant de choses. Chaque fait, chaque encyclique, chaque jubilé vient à sa vraie place, avec encadrement naturel des événements et des hommes.

Les premiers chapitres, sans faire oublier *la Jeunesse de Léon XIII*, par M. Boyer d'Agen, et les derniers, sans faire tort au *Léon XIII intime* de J. de Narfon, contiennent tout ce qui peut intéresser la masse des lecteurs sur ces parties secondaires. On entre dans le vif du sujet avec *le Conclave, le Couronnement, les premières réformes et les premières directions.* Dès lors les chapitres se succèdent, embrassant chacun une question et la traitant à fond. On pourrait en tirer sans effort une série de conférences documentées et agréables sur *Léon XIII et saint Thomas d'Aquin, les Eglises d'Orient, la Belgique, l'Italie, la France, l'Allemagne, la Russie, la Franc-Maçonnerie, la Question romaine*, etc. Je n'indique pas ici la moitié des sujets. Ceux qui m'ont semblé les plus riches en épisodes dramatiques sont la *Fin du Kulturkampf, Léon XIII et l'esclavage*.

La physionomie qui se détache de cet ensemble d'études est bien celle que le correspondant d'un grand journal protestant anglais dépeignait ainsi : « La figure de Léon XIII, comme son corps, sont d'une apparence ascétique et solennelle et répondent réellement à l'idée qu'on peut se faire du *Souverain Pontife*. C'est bien l'ensemble à la fois majestueux et solennellement inspiré du souverain et du pontife. » Et cette physionomie magnifique, M. Guillermin l'a dessinée en véritable historien.

Henri CHÉROT

Les Jésuites au Paraguay.

MÊME COLLECTION

DU MÊME AUTEUR

L'Unité religieuse pendant le grand Schisme d'Occident (1378-1417) *(294)*.................... 1 vol.

Les Templiers (1118-1312) *(329)*............ 1 vol.

Questions sociales et Ecoles sociales, par L. GARRIGUET, supérieur du Grand Séminaire d'Avignon. 4ᵉ édition. 2 vol. *(152-153)*. Prix..................... **1 fr. 20.**

Du même auteur : **La Propriété privée.** 4ᵉ édition. 2 volumes *(154-155)*. Prix................ **1 fr. 20.**

— **Le Salaire.** 3ᵉ édition *(264)*............... 1 vol.

— **Le Contrat de travail** *(292)*............. 1 vol.

— **L'Association ouvrière.** 3ᵉ édition *(293)*.. 1 vol.

— **Capital et Capitalisme.** 2ᵉ édition *(304)*... 1 vol.

— **Production et Profit.** *(358)*............. 1 vol.

— **Prêt, Intérêt, Usure.** *(408)*.............. 1 vol.

QUESTIONS DE SOCIOLOGIE

UNE ORGANISATION SOCIALISTE CHRÉTIENNE

Les Jésuites au Paraguay

PAR

AMAND RASTOUL
Archiviste paléographe.

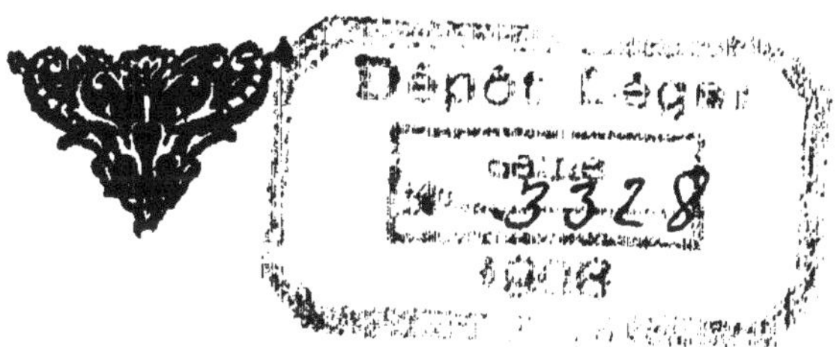

PARIS
LIBRAIRIE BLOUD ET Cie
4, RUE MADAME, 4
1907

LES JESUITES AU PARAGUAY

En ce temps de propagande socialiste, l'on prononce souvent le nom des « réductions » que les Jésuites avaient fondées au Paraguay d'après le système communautaire. Mais beaucoup de ceux qui en parlent ne savent pas exactement ce que c'était. C'est pour combler cette lacune que la présente étude a été entreprise ; faite dans un esprit impartial, d'après les documents officiels, elle montrera sous son véritable jour l'une des plus belles entre les admirables œuvres de civilisation que les missionnaires catholiques ont accomplies.

I

Le socialisme dans l'histoire de l'Eglise.

Le mot socialisme représente aujourd'hui des écoles profondément différentes. Sous sa forme la plus répandue, c'est une doctrine, issue de l'individualisme révolutionnaire, qui, sous prétexte d'assurer le bonheur de l'humanité, prétend supprimer non seulement les inégalités sociales, mais aussi toutes les barrières morales qu'elle accuse de s'opposer à la satisfaction légitime des passions. Evidemment cette erreur dangereuse, projetée par le matérialisme sur la politique, ne peut avoir aucune liaison avec l'Eglise catholique dont elle s'attache avant tout à déraciner le culte, parce qu'elle voit dans les préceptes divins du Christ le fondement nécessaire de toute morale.

C'est dans une autre acception, dans celle qu'il revêtait à l'origine, que nous interpréterons ici le mot : socialisme. Pour nous, il désignera exclusivement la doctrine qui veut substituer la propriété collective à la propriété individuelle. Mettre en commun le travail de tous les citoyens d'une même bourgade, d'une cité ou d'une nation ; donner, sur les bénéfices, à chacun selon ses besoins ; former du reliquat une masse commune qui assure la perpétuité de l'œuvre : tels sont les principes généraux, sur lesquels, à toutes les époques de l'histoire, des réformateurs, plus ou moins teintés d'utopie, ont rêvé l'instauration d'une société parfaite où il n'y aurait ni pauvres ni riches, ni misère ni superflu.

Ramené à ce point originel, dépouillé de toutes les erreurs antireligieuses qui paraissent aujourd'hui liées au système communiste bien qu'elles n'aient avec lui aucun rapport nécessaire, le socialisme n'est pas directement contraire à la religion catholique. Loin de là ! Certains ont même voulu y voir l'épanouissement naturel de l'égalité chrétienne. Cette idée repose sur une confusion : l'Eglise, supérieure, de par son origine divine, à toutes les conceptions de l'humanité, reste théoriquement indifférente aux formes de gouvernement qu'il plaît à celle-ci de se choisir. Egalitaire par son principe social, autoritaire par sa hiérarchie savamment constituée, elle s'est accommodée du césarisme comme de la démocratie. Sans doute s'accommoderait-elle aussi bien d'un régime communiste qui ne serait pas conçu contre elle et qui respecterait sa mission sociale.

Il paraît certain qu'à l'origine ce régime fut adopté pour la constitution intérieure de l'Eglise. Les premiers disciples des Apôtres « possédaient tout en commun. Ils vendaient leurs terres et leurs biens, et les distribuaient à tous selon que chacun en avait besoin (1). » Cet usage était-il librement adopté par les nouveaux convertis ? leur était-il imposé comme une obligation stricte ? Ce qui est certain, c'est qu'il dura peu. Sitôt que le christianisme eut pénétré des nations moins préparées que le peuple juif aux idées communistes, la renonciation à la propriété privée cessa d'être la règle pour devenir l'exception.

Cependant, elle resta la voie choisie par ceux qui voulaient s'élever à une vie plus parfaite. De là naquirent les monastères, ces asiles de travail et de vertu, où de pieux chrétiens mettent leur existence en commun pour s'attacher de plus près aux exemples de leur divin Maître. Par les saintes légions de moines, qui se sont succédé depuis les couvents isolés de la Thébaïde jusqu'aux ordres

(1) Luc. *Actes des Apôtres*, II, 41-45.

internationaux florissant aujourd'hui, la tradition communiste s'est conservée dans l'Eglise.

On dira que les moines n'ont pas seulement renoncé au droit de posséder, mais à leur personnalité tout entière ; pour eux, la vie commune n'est qu'un moyen de se détacher davantage de la terre. D'ailleurs, par le vœu de chasteté, ne se mettent-ils pas en dehors, ou plutôt au-dessus de la société normale ? d'où il suit que leur genre de vie ne peut être que différent de celui des autres hommes.

Sans doute ; mais l'exemple de leurs vertus et de leur félicité devait inspirer aux réformateurs chrétiens le dessein d'introduire dans la vie ordinaire le plus possible de leurs usages. C'est ainsi que l'on trouve dans les écrits de nombreux mystiques des aspirations vers une organisation monacale de la société. Cette tendance éclate avec une vivacité particulière au XIIIe siècle, dans le grand mouvement de renaissance chrétienne dont saint François d'Assise fut l'initiateur. Certains de ses disciples, vouant à dame Pauvreté un culte tout imprégné de scolastique, se prouvèrent par déductions logiques que ni le Christ ni les Apôtres n'avaient rien possédé en propre.

De là à proscrire la propriété individuelle, il n'y avait, pour des esprits enthousiastes, que la distance des prémisses à la conclusion. Aussi l'Italie du nord et la Provence virent-elles se former, sous des noms divers, des sectes laïques de pauvres volontaires qui les traversaient en mendiant pour l'amour du Christ. Comme ces confréries nouvelles admettaient indistinctement les deux sexes dans leurs périgrinations, leur zèle dégénéra en extravagance ; il servit de manteau au désordre. Aussi l'Eglise dut-elle les proscrire, en même temps qu'elle mettait un frein à la fougue désordonnée des fils de saint François.

Trois siècles plus tard, pendant la nouvelle secousse qui agitait la pensée chrétienne, les idées communistes se firent jour à nouveau, aussi bien parmi les sectes hérétiques que dans l'orthodoxie. Leur plus célèbre manifestation fut le *Discours sur le meilleur gouvernement de la République,* composé par l'un des plus nobles esprits de l'époque, le bienheureux Thomas More (1), décapité en haine de l'Eglise par ordre du roi d'Angleterre Henri VIII. Livre curieux par la forme comme par le fond, où les théories de la « République » platonicienne se montrent sanctifiées par le baptême !

Dans son gouvernement d'Utopie où tout appartient à tous, la famille fortement constituée forme la base de la société. Si le nombre des habitants y est réglementé avec une minutie étrange, le travail commun y est limité de manière à permettre aux citoyens de s'instruire à leur volonté ; comme si le réformateur du XVIe siècle avait prévu les dangers de la surproduction, cette plaie de

(1) Voici le titre primitif de cet ouvrage : *Sermo quem Raphael Hythlodæus, vir eximius, de optimo reipublicæ statu habuit, per illustrem virum Thomam Morum.*

l'industrialisme moderne ! Non content de proscrire le culte de l'or et de l'argent, il en voulait inspirer le mépris en forgeant de ces métaux précieux les chaînes déshonorantes des prisonniers.

Mais ce ne sont là que fantaisies, qu'utopies, pour employer le nom même de l'île merveilleuse où Thomas More suppose ses théories réalisées. Pouvaient-elles vivre ailleurs que dans le rêve ? Non sans doute, dans les termes mêmes où le réformateur catholique les concevait. Mais le système communiste en lui-même a été appliqué, avec plus ou moins de rigueur, dans certaines provinces du monde chrétien. Sans parler des bandes fraticelles ou vaudoises, qui ne constituèrent jamais une société vraiment régulière, on en pourrait citer comme exemple la secte anabaptiste des frères Moraves. Ceux-là étaient hérétiques ; mais, dans l'Eglise même, les villages de nouveaux convertis créés depuis le XVIe siècle chez les Indiens ou les noirs d'Amérique, ont eu (ils ont peut-être encore de nos jours en Afrique et en Océanie) (1) une tendance plus ou moins prononcée à l'organisation communautaire.

Dans leurs établissements du Paraguay, les Jésuites appliquaient presque intégralement le système de la propriété commune : le développement considérable de ces missions, le rôle qu'elles

(1) En particulier aux îles Tonga, d'après le témoignage de Mgr Olier, évêque mariste de l'Océanie centrale. (*Univers*, 3 septembre 1906.)

ont joué dans la fameuse suppression de l'Ordre, la renommée même de celui-ci, les ont rendues célèbres. C'est pour cela que nous avons jugé utile d'étudier plus spécialement leur histoire.

II

Fondation des réductions du Paraguay.

Les missions du Paraguay ne correspondaient pas exactement, comme on est porté à le croire, à la République sud-américaine qui porte aujourd'hui le même nom. Si un grand nombre d'entre elles sont situées sur le territoire de cet état, d'autres forment, dans la République Argentine, la province des Missions ; d'autres encore appartiennent à la Bolivie et au Brésil.

La grande rivière, qui leur a donné son nom, descend de montagnes situées vers le centre géographique du Brésil ; elle coule du nord au midi sur un cours de près de 150 lieues avant de fondre ses eaux dans le fleuve Paràna, dont la réunion avec l'Uruguay forme, depuis Buenos-Ayres jusqu'à l'Atlantique, l'estuaire ou rio de la Plata.

Le Paraguay fut pour la première fois reconnu par des Espagnols qui venaient du rivage de Buenos-Ayres chercher une route nouvelle vers leurs riches colonies du Pérou. Ils ne la trouvèrent point ; mais comme le pays traversé semblait fertile, d'un climat chaud sans être accablant, et surtout que les explorateurs espéraient découvrir des métaux précieux, ils y fondèrent un établissement. C'est l'année 1536, en la fête de l'Assomption, qu'ils se déterminèrent à construire, sur la rive gauche du fleuve, une ville à laquelle ils donnèrent le nom de la solennité célébrée ce jour-là. Cette ville est encore la capitale de la République paraguayenne.

La contrée voisine était habitée par une population de race cuivrée, peu dense et encore sauvage, qui connaissait à peine l'usage des vêtements et qui vivait sans aucune organisation publique, séparée en bourgades indépendantes. Le plus grand nombre de ces tribus indigènes appartenaient à la famille des Guaranis (1), dont les premiers missionnaires s'accordent à signaler la paresse et la faiblesse d'intelligence. Ils les qualifient de pacifiques parce que ces indigènes étaient souvent les victimes de la férocité des peuplades voisines : les Guaycurus et les Tupis, et parce qu'ils ne paraissaient plus adonnés au cannibalisme. Cependant, lors de la conquête espagnole, il restait quelques traces de cet horrible usage dans le culte des Guaranis ; ainsi leurs fêtes les plus solennelles se célébraient par le sacrifice d'un prisonnier de guerre, dont le corps était partagé entre toutes les familles.

(1) Alcide d'Orbigny rattache cette famille à la même race que les Caraïbes des Antilles.

Lorsque les Espagnols furent devenus, au prix de luttes sanglantes, les maîtres des rives du Paraguay, ils eurent recours au service de ces indigènes pour cultiver leurs terres. Ceux qui avaient résisté à l'invasion furent distribués entre les colons, auxquels on donna le pouvoir d'user et d'abuser de leurs personnes. Les groupes d'indigènes ainsi mis à la disposition des Espagnols formèrent les commanderies de serfs : « *encomiendas de yanaconas* ».

Les autres conservèrent, avec une partie de leurs usages, le droit d'élire leurs caciques ; mais ceux-ci furent placés sous l'autorité d'un Espagnol qui disposait du service des hommes seuls et pendant un temps très limité, deux mois sur douze. C'est ce qu'on appela les commanderies par moitié : « *encomiendas mitayas* ».

Dans ce barbare système, les indigènes n'avaient d'autre défense que la religion de leurs maîtres. Ce n'était pas une vaine formule ; car, si mauvais chrétiens que fussent souvent dans la pratique les conquérants espagnols, ils gardaient toujours une foi profonde. Pour accroître la gloire de l'Eglise en faisant partager cette foi aux vaincus, ils appelaient des prêtres. Mais, lorsque ceux-ci avaient converti quelques indigènes, ils se trouvaient tout naturellement désignés pour les défendre contre la tyrannie des vainqueurs. De là naissaient des querelles parfois aiguës entre les soldats espagnols et le clergé qu'eux-mêmes avaient appelé. C'est toute l'histoire politique des missions donnés par les Jésuites au Paraguay.

A peine bâtie, Assomption eut un évêque. Comme les prêtres séculiers manquaient pour l'évangélisation de ce vaste diocèse, on fit venir d'Europe des religieux : Franciscains et Jésuites. Les premiers convertirent en peu d'années des peuplades entières ; l'un deux, François Solano, fit preuve dans son apostolat d'une charité et d'un dévouement si éclatants, que, sitôt après sa mort, sa cause de béatification fut introduite en cour de Rome.

Moins brillantes furent les premières missions des Jésuites ; mais la continuité de leurs efforts et l'esprit de méthode inhérent à leur Ordre firent lentement germer une moisson abondante du bon grain semé par leurs devanciers. Ils réussirent à modifier le caractère des indigènes, transformant en chrétiens solides ces néophytes, aussi faibles, une fois abandonnés à eux-mêmes, contre leurs anciennes erreurs qu'ils avaient été prompts, sur l'appel des missionnaires, à se convertir.

C'est en 1588 que les trois premiers religieux de la Compagnie arrivèrent à l'Assomption, où les appelaient en même temps l'évêque et le gouverneur civil. Cependant, de ces trois missionnaires, un seul était Espagnol : le P. Salonino. Il resta dans la ville, tandis que ses deux compagnons, le Portugais Manuel Ortega et l'Ecossais Thomas Filds remontaient le Parana pour porter l'Evangile à l'extrême nord du pays, dans le district de la

Guayra, où les colons fondaient un nouvel établissement. Leur mission fut des plus fructueuses ; mais, dans cette région distante de près de cent lieues de la capitale, comme leur prédication errante les portait sans cesse d'une province à l'autre, les nouveaux chrétiens, abandonnés au milieu d'infidèles, retombaient vite dans leurs coutumes païennes.

C'est pourquoi les successeurs des premiers missionnaires décidèrent, en 1609, de réunir les indigènes convertis dans un village chrétien. Ce village, cette réduction (pour lui donner le nom commun dans toute l'Amérique espagnole aux bourgades de missions), fut appelée Loreto, en souvenir du grand pèlerinage italien. Devenue trop petite pour le nombre toujours croissant des conversions, elle donna bientôt naissance à la nouvelle réduction de San Ignacio. D'autres furent fondées dans la région environnante ; en même temps la couronne d'Espagne abandonnait aux Jésuites la direction spirituelle de certains villages ruinés par le régime des commanderies. Vingt ans après la fondation de Loreto, le district de la Guayra comptait treize réductions, c'est-à-dire treize gros bourgs, dont les missionnaires évaluaient la population à cent mille âmes.

Mais le rapide développement de cette colonie lui avait créé des ennemis. Les commandeurs espagnols voyaient, dans la prospérité de ces Indiens libres, un reproche vivant contre la tyrannie de leur domination. D'ailleurs les Jésuites ne se gênaient pas pour combattre, autant qu'il était en leur pouvoir, l'injustice des commanderies. Aussi s'éleva-t-il rapidement des plaintes contre leur système. Elles se brisèrent contre la protection royale dont les missions étaient recouvertes.

Plus grave fut l'hostilité des Portugais établis sur les frontières voisines du Brésil. Le Portugal était momentanément soumis à la couronne d'Espagne ; mais l'autorité des nouveaux rois n'avait pu s'imposer dans les forêts brésiliennes, où s'étaient réunis des blancs chassés des côtes pour leurs méfaits, des nègres marrons et des métis trop souvent héritiers des vices des deux races dont le croisement les avait produits. Entourée d'Indiens belliqueux qu'elle avait réduits en esclavage, cette population hybride, sans foi ni loi, menait sur les frontières du Paraguay la vie de rapines et de désordres que les boucaniers et les flibustiers de Saint-Domingue ont plus tard rendue célèbre. La teinte cuivrée de la plupart de ces gens, leur inconduite et leur haine de l'Eglise les avaient fait, par comparaison avec les gardes du khédive d'Egypte, désigner sous le nom de *Mamelucos,* Mameloucks. On les appelait encore Paulistes, de la ville de Saint-Paul de Parahytinga (1) dont ils avaient fait leur quartier général.

Pour attirer les attaques de ces sauvages civilisés, les indigènes des réductions avaient un

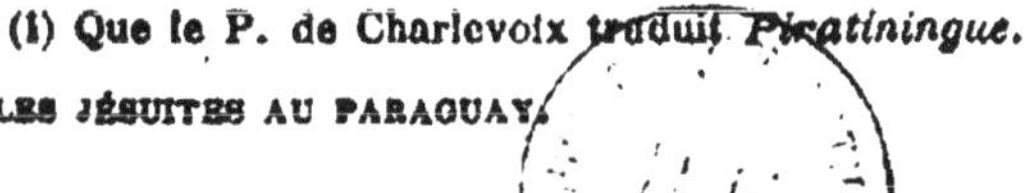

(1) Que le P. de Charlevoix traduit *Piratiningue.*

double titre : ils étaient chrétiens et sujets du roi d'Espagne. Leurs villages étaient continuellement dévastés par des razzias à la suite desquelles les prisonniers étaient conduits en esclavage à Saint-Paul. Onze des réductions ayant été aussi détruites l'une après l'autre, sans que les autorités locales qui partageaient les suspicions des colons espagnols leur eussent porté secours, le Père Montoya, supérieur des missions, prit, en 1631, une détermination énergique. Les indigènes survivants, au nombre de douze mille, s'embarquèrent sur le Parana avec tout ce qu'ils purent emporter de leurs biens ; puis, abandonnant les églises et les maisons dont la construction en ce pays sauvage avait demandé des efforts inouïs, ils redescendirent le fleuve jusqu'au centre de la colonie espagnole. Là, conservant le nom des réductions détruites, ils rebâtirent Loreto et San Ignacio dans le voisinage des villages que les Jésuites avaient nouvellement fondés en un pays plus sûr que la Guayra.

Depuis cet exode jusqu'à la guerre de 1756, que nous raconterons plus loin, les missions des Jésuites au Paraguay ont suivi une voie normale de progression. Mais, instruits par l'expérience d'un premier échec, les religieux modifièrent l'organisation politique de leurs établissements. Jusque-là, dans les anciennes commanderies devenues réductions, les Espagnols pouvaient cohabiter avec les indigènes convertis. Dès lors, voyant qu'ils ne devaient, en cas de péril, espérer aucun secours de ces voisins dangereux, les Jésuites fermèrent leurs villages. Soumise nominalement au roi d'Espagne, auquel elle payait tribut, la « République chrétienne » du Paraguay jouit, en fait, de la plus large autonomie.

III

La République Chretienne.

Dans leur période de plus grande prospérité, les réductions ont atteint le nombre de quarante-quatre. Fondées, non dans une volonté de conquête, mais dans un esprit de prosélytisme, là où le nombre des conversions attirait le zèle des missionnaires, elles n'étaient pas réunies sur un territoire compact. Depuis Yapeyu, leur capitale, assise sur la rive droite de l'Uruguay entre les 29e et 30e degrés de latitude australe, jusqu'à San Ignacio del Norte, dont la situation correspondait au 16e parallèle, elles s'échelonnaient du sud au nord, sur une longueur sensiblement égale à celle de la France.

La dernière de ces réductions n'appartenait aucunement à la région paraguayenne. Elle formait l'une des onze missions fondées, entre 1691 et 1722, chez les Indiens Chiquitos du Haut-Pérou. Le territoire de ces derniers, arrosé par des affluents de l'Amazone, n'avait que des relations lointaines avec le Paraguay, dont le séparaient des montagnes désertes ; il dépendait des hautes régions qui forment actuellement la république de Bolivie (1). Ces missions, les plus septentrionales et par conséquent les plus proches des tropiques, étaient, de l'ouest à l'est et du nord au sud : San Javier, Concepcion, San Ignacio del Norte, Santa Ana, San Rafael, San Miguel, Santo Corazon, San Juan Bautista, San Jose, Santiago de Chiquitos et San Ignacio de Zamucos (2).

Toutes les autres missions étaient tributaires des voies fluviales qui convergent vers Buenos-Ayres. Elles se divisaient en trois groupes. Dans le delta formé par le Paraguay et le Parana se trouvaient les réductions proprement appelées du nom de ce premier fleuve, soit, en cherchant toujours le sud-est : Belen, San Estanislao, San Joaquim, Santa Maria de Fé, San Ignacio Guazu, Santa Rosa, Santiago, Jesus, Trinidad, San Cosme et Itapua. Les trois premières, dites de Taruma, cadettes par leur naissance de toutes les missions, tendaient vers le nord pour atténuer la difficulté des relations avec les établissements des Chiquitos.

Au contraire, les dernières rejoignaient par le Parana le groupe des missions, dites occidentales,

(1) Il existait au Nord du territoire actuel de la Bolivie un autre groupe de missions : celles des Moxos qui atteignirent le nombre de seize. Elles avaient été rattachées par les Jésuites à la province du Pérou, tandis que les réductions voisines des Chiquitos étaient soumises au supérieur du Paraguay.

(2, La plupart des auteurs qui ont étudié l'histoire des réductions ne mentionnent qu'incidemment les établissements des Chiquitos. C'est pourquoi l'on ne compte si souvent que trente réductions ; les trois missions de Taruma étaient de très peu antérieures à l'expulsion des Jésuites.

situées entre ce fleuve et l'Uruguay : Corpus, San Ignacio Mini, Loreto, Santa Ana, Candelaria sur le Parana ; San Carlos, San José, Apostoles, Martires entre les deux fleuves ; San Javier, Santa Maria la Mayor, Concepcion, San Tomé, la Cruz et Yapeyu sur l'Uruguay.

Enfin sept réductions se trouvaient à l'est de ce dernier fleuve : San Nicolas, San Angel, San Luis de Gonzaga, San Lorenzo, San Juan, San Miguel et San Borja.

La population totale des réductions a beaucoup varié pendant les deux siècles qu'elles ont vécu sous le gouvernement des Jésuites. Cependant on aurait tort de croire que leur progression ait été régulière. Les premières statistiques témoignent bien d'une augmentation constante ; mais, à partir du second tiers du xviiie siècle, des épidémies meurtrières de variole, puis la guerre guaranitique produisirent non seulement un arrêt, mais un déchet considérable qui n'était pas complètement réparé lors de l'expulsion des religieux. C'est en 1732 que le recensement dressé par les soins de ces derniers, porte le chiffre le plus élevé : 141.242 habitants. Dans ce nombre ne sont pas compris les Chiquitos des missions septentrionales, que les évaluations les plus sérieuses estiment à 22.000.

Ces chiffres donnent pour chacune des réductions la moyenne de 4.000 habitants. En 1753, après les désastres de la guerre guaranitique, leur population particulière variait, en exceptant la bourgade naissante de San Joaquim, de 1.500 à 7.000.

Les deux plus grandes réductions : Yapeyu, la capitale, et San Miguel, chef-lieu de la province orientale, ont été de véritables villes.

Toutes ces villes et ces bourgades étaient, depuis 1654, érigées en « doctrines », c'est-à-dire en cures ecclésiastiques, dont un Jésuite avait le titre. Ce religieux, astreint à la résidence, était assisté d'un vicaire auquel s'adjoignaient souvent d'autres prêtres, ou trop âgés ou trop jeunes pour assumer la charge directe de l'administration. Le Père Florentin de Bourges, missionnaire capucin, trouva dans son séjour à San Javier sept religieux, dont plusieurs y avaient été placés en manière de retraite ; il fut surpris « qu'on regardât comme un repos le travail dont chacun en particulier était chargé et qui certainement occuperait en Europe trois des ecclésiastiques les plus zélés pour le salut des âmes ».

Ces groupes de religieux, généralement accompagnés de frères coadjuteurs, formaient, dans les contrées sauvages du Paraguay, de petites communautés soumises aux règles de l'Ordre. Si la forte discipline qui caractérise celui-ci se pliait à une forme moins rigide, elle n'en restait pas moins la plus sûre inspiratrice de tous les travaux des missionnaires. Une direction continue était donnée, soit par les visites du provincial fixé à Yapeyu, soit par l'action plus prochaine des supérieurs des divers groupes. Pour adapter la préparation ordinaire des religieux à la vie des réductions, un noviciat avait été créé dans la ville argentine de Cordoba, où les futurs missionnaires passaient quelques années avant de prendre contact avec les Guaranis.

Car les curés des réductions n'étaient pas, comme leurs confrères d'Europe, simplement chargés de célébrer l'office divin, d'instruire les enfants et de prêcher aux fidèles les vérités du christianisme. A cette charge déjà lourde, ils joignaient tout le soin du temporel : ils étaient en même temps les préfets civils des bourgades, les administrateurs du bien commun, les magistrats chargés de faire régner la justice entre les citoyens. Et lorsque Philippe IV eut autorisé, en 1648, l'armement des Guaranis, si les religieux ne devinrent pas capitaines à la guerre, du moins certains d'entre eux, choisis parmi d'anciens soldats, jouèrent-ils le rôle d'instructeurs militaires.

Dans ces diverses fonctions, les Jésuites et leurs frères coadjuteurs étaient assistés par des officiers indigènes, dont la hiérarchie, assez confuse (1), amalgamait les anciens usages du pays aux institutions importées d'Espagne par les conquérants.

Chaque réduction paraît avoir eu un cacique ou *corrégidor* royal, assisté d'un *teniente* (lieutenant) et parfois d'un *alferez* (sous-lieutenant). Au-dessous d'eux existaient les *alcades* ou juges, le commandant militaire, le sergent-major, etc. Le Père Florentin de Bourges mentionne particulièrement deux officiers qu'il appelle le *fiscal*

(1) D'Orbigny l'indique bien d'une manière précise, mais d'après les institutions qu'il trouva maintenues en 1830.

et son lieutenant et qui étaient chargés de tenir ce que l'on pourrait appeler l'état civil, de surveiller l'assistance aux écoles et aux églises, de s'enquérir enfin des manquements à la règle ou des discordes intestines, exerçant ainsi une fonction qui relèverait à la fois, aujourd'hui, de la police et de l'administration municipale.

La réunion de ces officiers formait le *cabildo,* c'est-à-dire l'assemblée municipale. Ils n'étaient pas les seuls dignitaires. Pour encourager leurs chrétiens dans l'obéissance, les Jésuites avaient multiplié les offices de tous genres : chefs de métiers, servants d'églises. La charge de maître de chapelle, en particulier, jouissait d'une importance considérable dans ces républiques religieuses. Seul le *corrégidor,* représentant indigène de la couronne d'Espagne, était nommé par le gouverneur de l'Assomption. Les autres dépendaient des Jésuites et du peuple guarani ; leur mode de nomination était l'élection, corrigée par l'approbation nécessaire des religieux. Election généralement annuelle qui, ne conférant au citoyen favorisé par le choix de ses frères que des privilèges temporels, ne portait pas d'atteinte véritable à l'égalité.

Or, dans ce peuple de mœurs simples où tous s'habillaient des mêmes étoffes et se nourrissaient des mêmes fruits, l'égalité était aussi absolue qu'on la peut concevoir, puisque la propriété du sol et des maisons appartenait à la communauté.

Ce régime social, si différent des usages d'Europe

(bien qu'il pût à la vérité paraître moins étrange au XVIIe siècle que de nos jours), ce régime social n'avait pas été imposé par les premiers missionnaires pour réaliser une conception théorique. Il était le fruit naturel du développement des réductions. En effet, la plupart d'entre elles ayant été créées de rien par quelques néophytes, le travail de tous avait été nécessaire, à l'origine, pour édifier l'église; la résidence des Pères et les maisons de chacun. Dans la suite, lorsque la population s'accroissait par la conversion des infidèles, tous les chrétiens s'empressaient, dans leur zèle de prosélytisme, à construire un toit à leurs nouveaux frères. Il en était de même, lorsque un jeune homme prenait femme ; or, dans l'intérêt de la morale, les Jésuites favorisaient les mariages précoces.

De cette demeure que le labeur de tous lui avait faite, chaque nouvel habitant des réductions avait la jouissance. Mais ce droit sur la propriété commune lui créait l'obligation de collaborer au travail de la peuplade. Sous la direction des Pères Jésuites, les divers officiers ordonnaient les efforts individuels dans la voie où ils pouvaient être le plus fructueux. Mais le produit d'aucun travail n'était réparti entre ceux qui y avaient contribué. Il appartenait à la communauté, qui se chargeait de subvenir à la subsistance de tous et de chacun de ses membres.

Voici comme elle y parvenait, au témoignage du Père Florentin de Bourges. Les grains étaient rassemblés dans des magasins publics, à la garde desquels des officiers spéciaux étaient préposés. « Au commencement de chaque mois, ces officiers... délivraient aux chefs des quartiers la quantité nécessaire pour toutes les familles de leur district et ceux-ci les distribuaient aussitôt aux familles, donnant à chacune plus ou moins, selon qu'elle était plus ou moins nombreuse. » Il en était de même « pour la distribution de la viande », opérée également par les ordres des chefs de quartiers, avec cette différence qu'elle se faisait chaque jour au lieu de chaque mois.

La règle suivie pour le vivre était appliquée au vêtement. Les étoffes usuelles, fabriquées sur place, étaient distribuées entre les diverses familles, non pas selon une règle fictive d'égalité parfaite, mais au prorata du nombre des enfants et des besoins particuliers de chacun. L'or et l'argent, qui jouent un rôle si prépondérant dans la vie moderne, n'avaient cours que pour les relations des communautés avec l'extérieur.

Cette application intégrale (ou peu s'en faut) du régime communiste ne dura pas aussi longtemps que la domination des Jésuites dans le Paraguay. Sur les instances des rois d'Espagne, ces religieux introduisirent un amendement à la première rigueur de leur organisation. Des terres furent données en propre à chaque famille des réductions (1). Mais les propriétés ainsi concédées furent

(1) Cette transformation se fit entre le voyage du P. Florentin de Bourges, qui eut lieu en 1711, et la publication de l'ouvrage de Muratori daté de 1749.

fixées de la façon la plus stricte, pour fournir les gains nécessaires à la famille sans lui permettre de réunir, par l'épargne, une manière de capital, à la constitution duquel une surveillance jalouse se fût opposée.

D'ailleurs la plus grande partie du sol restait confondue dans le bien commun, « la possession de Dieu », à tour de rôle cultivée par tous pour subvenir aux dépenses générales de la communauté et pour entretenir les missionnaires, les officiers, les soldats en expédition, les ouvriers, les veuves, les malades, les orphelins et même tous ceux qui, travaillant le sol à eux concédé, ne parvenaient point à en extraire leur suffisance. En fait, l'atténuation, théoriquement importante, du système originel fut plutôt une organisation nouvelle de la propriété communautaire qu'une juxtaposition à celle-ci de la propriété individuelle.

Elle ne changea du reste rien à la vie intérieure des réductions qui était aussi régulière que celle des moines dans un couvent. Tous les matins, le réveil était sonné une demi-heure avant le lever : puis la messe, puis le travail, où l'on se rendait « en commun au son de la flûte et du tambour... portant en grande pompe l'image de quelque saint... Il ne durait jamais plus d'une demi-journée et le retour au logis se faisait avec la même cérémonie. » Car les religieux aimaient à donner un air de fête à toute obligation, pour adoucir aux yeux des indigènes le joug qui pesait sur eux. Au soir, des patrouilles parcouraient les bourgades pour interdire toute sortie, le couvre-feu sonné.

Dans ces communautés essentiellement rurales, la plupart travaillaient aux champs : les uns cultivaient, avec les céréales nécessaires à l'alimentation, une plante médicinale très recherchée, la *yerba-maté,* dont ils approvisionnaient toute l'audience de Buenos-Ayres ; les autres veillaient à la garde des troupeaux de bœufs ou de moutons.

Mais les ouvriers ne faisaient pas défaut. Remarquant dès l'origine que, si leurs néophytes manquaient d'initiative, ils étaient doués d'une habileté surprenante d'imitation, les Jésuites avaient appelé, pour servir d'instructeurs, les artisans les plus renommés de l'Amérique espagnole. Aussi, d'après le P. de Charlevoix, trouvait-on au XVIIIe siècle dans les réductions « des ateliers de doreurs, de peintres, de sculpteurs, d'orfèvres, d'horlogers, de serruriers, de charpentiers, de menuisiers, de tisserands et de fondeurs ». Entre tous les arts, la musique rencontrait chez les Guaranis un terrain de culture plus favorable : disposition dont les Pères ne manquaient pas de tirer parti en multipliant les chœurs, aussi bien dans la vie quotidienne que dans les fréquentes solennités.

Pendant que les hommes se partageaient ainsi entre l'agriculture et les divers métiers utiles à l'industrie d'une ville, les femmes façonnaient des toiles ; et le fruit de leur travail était importé jusqu'en Europe. Quant aux enfants, garçons ou filles, deux écoles avaient été fondées dans chaque bourgade, où ils apprenaient, avec la lecture, l'écriture, l'arithmétique et quelques rudiments de castillan ou de latin, les éléments fondamentaux de la doctrine chrétienne.

En même temps que des écoles, presque toutes les réductions avaient leur hôpital pour les maladies qui ne pouvaient être soignées à domicile. A cette maison charitable était annexée une pharmacie pour distribuer gratuitement des remèdes. D'hospice pour les vieillards, il n'était pas besoin ; ceux-ci restaient dans leur famille, à laquelle ils ne pouvaient être une charge puisque les distributeurs publics tenaient compte de leur présence dans la répartition des vivres et des vêtements.

Ainsi toutes les souffrances trouvaient un soulagement, toutes les misères un remède, et de même toutes les capacités un emploi mesuré à leurs forces. Evidemment cette organisation merveilleuse ne pouvait tenir compte de la liberté individuelle ; c'était là d'ailleurs une notion sociale dont les Guaranis, peuple primitif habitué à la vie commune, se souciaient fort peu. Cependant, si leur docilité naturelle était grande, grandes également étaient leur antipathie pour le travail, leur imprévoyance et, pour parler d'un défaut enfantin qui donna de réelles difficultés aux Jésuites, leur voracité. Des missionnaires racontent qu'à l'origine ils n'osaient confier aux néophytes de bœufs pour la conduite des charrues, de peur que ces cultivateurs improvisés ne tuassent leurs auxiliaires pour les dévorer en un jour.

— —

Pour combattre les conséquences de ces défauts, et particulièrement pour obliger les paresseux au travail, les religieux étaient parfois obligés de recourir aux moyens coercitifs. C'étaient ceux en usage dans la primitive Eglise : la réprimande, la pénitence publique suivie de flagellation, et plus rarement la prison. On a beaucoup critiqué ce régime, ainsi que la surveillance continuelle exercée par les officiers indigènes sur tous les actes des habitants. La philosophie du XVIIIe siècle, par la voix de M. de Voltaire (1), a retenu ce seul point de toute l'œuvre de civilisation réalisée par les Jésuites, pour porter sur l'ensemble de leurs missions une condamnation générique. Le trop célèbre écrivain oubliait que, pour juger les institutions d'un pays, il faut tenir compte du degré de civilisation auquel sont arrivés ses habitants. Tant il est vrai que la haine enlève toute capacité de raisonner à ceux-là même qui passent pour avoir le plus d'esprit.

Comparée même à la législation européenne de l'époque, la sévérité des Jésuites ne présente rien d'excessif. La peine de mort, couramment appliquée par nos Parlements à certains vols qualifiés, était exceptionnelle dans les réductions du Paraguay. La prononciation en était réservée aux gouverneurs espagnols ; à défaut de toutes raisons d'humanité, cette clause aurait suffi pour que les

(1) Dans ses *Questions sur l'Encyclopédie, par des amateurs.*

Jésuites, fort jaloux de leur autonomie, en demandassent très rarement l'application.

Parallèlement aux punitions, les religieux avaient fondé une hiérarchie de récompenses destinées à encourager dans le bien les membres de ce peuple enfant. La bonne conduite facilitait l'admission dans les chœurs, dans la musique et surtout dans les congrégations religieuses, distinguées aux processions solennelles par des insignes et une place d'honneur. Les plus dignes étaient désignés aux électeurs pour les charges importantes de la communauté.

La ferveur générale était soutenue par des réjouissances de tous genres. De même qu'ils cultivaient le penchant de leurs chrétiens pour la musique, les Pères savaient tirer parti de leur admiration pour tout ce qui frappe les yeux. La milice même, qu'ils avaient été obligés d'armer contre les incursions des Mamelucos, était une occasion de spectacle. Chaque lundi, le corrégidor passait, sur la place publique, la revue des compagnies de pied ou de cheval. Celles-ci étaient pourvues de lances, d'arcs et de flèches ; les armes à feu, peu nombreuses, dont le libre usage ne fut autorisé que tardivement, restaient, sous la garde des religieux, dans les arsenaux d'où elles ne sortaient généralement que pour faire « parler la poudre » les jours de fête.

De toutes ces fêtes, la plus solennelle était celle du Très Saint Sacrement. Procession générale où le peuple entier figurait dans ses congrégations et ses compagnies de milice, feux d'artifice, danses de caractère, décoration des rues : tout y était réuni en un spectacle magnifique pour célébrer « le triomphe du Sauveur du monde... dans ce pays sauvage où son nom n'était pas connu » un siècle auparavant.

En l'anniversaire du saint patron, c'était un pèlerinage solennel du peuple des réductions voisines, qui renouait les liens communs d'amitié, excitait la ferveur chrétienne et fournissait le nouveau prétexte de quelque joie. D'autres cérémonies somptueuses célébraient les grandes fêtes de la liturgie romaine, ainsi que celles de la Société de Jésus. C'était encore un sujet de belles évolutions militaires que la visite des gouverneurs royaux, d'offices brillants que celle des supérieurs ecclésiastiques : les évêques de l'Assomption et de Buenos-Ayres.

La somptuosité des cérémonies religieuses s'étendait aux monuments du culte. Dans ces peuplades où l'effort de chacun était coordonné pour le bien commun, la maison de Dieu, c'est-à-dire la maison de tous, devait être la plus ornée. Tandis que la résidence des Jésuites ne différait des autres demeures que par ses plus grandes dimensions, l'église incarnait en quelque sorte tout le luxe de cette population austère. Centre de la bourgade, entourée des magasins, des écoles et de l'hôpital, elle les dépassait, autant par le soin qu'on avait porté à sa construction que par les objets d'art et les métaux précieux qu'on s'était plu à y réunir. Aujourd'hui encore, quelques-uns de ces monuments, restés debout parmi les ruines de bourgades désertées depuis plus d'un siècle, font, par l'élégance de leur architecture et par la richesse de leur ornementation, l'admiration de ceux qui les rencontrent.

Par ce luxe et par ces fêtes, les Jésuites adoucissaient le naturel taciturne et sombre de leurs Guaranis ; par eux, ils corrigeaient l'austérité de la vie régulière. Chaque réduction constituait bien, comme on l'a souvent répété, une sorte de monastère, mais de monastère plein de vie où des abbés, savants d'expérience, auraient réuni de jeunes enfants pour les initier peu à peu à tous les progrès de la civilisation sans leur en faire connaître les vices.

Qu'au point de vue chrétien, ils y soient pleinement parvenus, cela ne fait aucun doute. Les rares voyageurs admis à visiter les réductions ne tarissent pas d'éloges sur la piété des indigènes et sur la pureté de leurs mœurs ; un missionnaire ne pouvait-il pas déclarer, après avoir longtemps évangélisé le pays, qu'à sa connaissance il ne se commettait pas un péché mortel par an dans toute leur étendue ?

La prospérité matérielle n'était pas moins étonnante. De ces contrées désertes avant leur venue, les Jésuites retiraient, par la vente des étoffes et l'exploitation de la *yerba-maté*, d'importants revenus annuels. Ils n'y recueillaient aucun profit personnel ; car les bénéfices servaient, soit à fonder de nouvelles réductions, soit à soutenir les plus jeunes. Le surplus était consacré à l'ornement des églises ou réservé pour les années de stérilité.

Ainsi les indigènes, autrefois victimes résignées de la guerre et de la famine, puisaient dans l'établissement des religieux un double bienfait : la certitude matérielle d'une vie facile et la connaissance de la doctrine religieuse la plus pure qui fut jamais. Cette œuvre magnifique de civilisation morale, dont ils étaient les bénéficiaires, Muratori l'a caractérisée en deux mots : « *il cristianesimo felice* », « le bonheur par le christianisme. »

IV

Les réductions et l'Espagne.

Cette organisation égalitaire exigeait, pour ne pas dégénérer en détestable tyrannie, autant de docilité chez les indigènes que de zèle désintéressé chez leurs missionnaires. Aussi les Jésuites tenaient-ils à garantir les mœurs pures de leurs chrétiens contre tout contact avec la civilisation corrompue des colonies espagnoles. L'accès des réductions était sévèrement interdit aux blancs que n'y amenait pas le service du Roi. Ceux que le hasard d'un voyage en ces contrées désertes conduisait aux portes d'une bourgade guaranie y recevaient l'hospitalité pendant trois jours, à l'expiration desquels ils étaient invités à poursuivre leur route. Exception était faite pour les malades que l'on soignait chrétiennement dans l'hôpital de la communauté tout le temps nécessaire à leur guérison. Les religieux de tous ordres trouvaient également un accueil fraternel dans les résidences des missionnaires, ainsi qu'en témoigne le séjour du P. Florentin de Bourges à San Javier.

La même règle d'isolement était observée lorsque les nécessités du commerce conduisaient des Guaranis dans les villes espagnoles ; ils étaient toujours accompagnés d'un religieux, sous la direction duquel ils continuaient, pendant le voyage, la vie commune des réductions. On recrutait d'ailleurs avec soin, parmi les chrétiens les plus fidèles, ces messagers dont la vente des denrées agricoles ou textiles et l'achat des objets d'Europe exigeaient chaque année l'envoi.

Aussi rares étaient les relations officielles. La suzeraineté indiscutée du roi d'Espagne se manifestait par la nomination de certains officiers et par la perception d'un impôt. C'étaient les gouverneurs de l'Assomption et de Buenos-Ayres qui exerçaient, chacun dans leurs circonscriptions, la première de ces prérogatives ; ils avaient, à ce titre, le droit de désigner les curés sur une liste de trois candidats qui leur était présentée par le provincial des Jésuites. L'impôt se réduisait à une capitation égale payée pour chaque indigène mâle entre 18 et 50 ans, les caciques exceptés, ainsi qu'à un droit fixe pour chaque réduction. Les Jésuites l'acquittaient directement d'après les listes de recensement qu'ils dressaient eux-mêmes et qui constituent aujourd'hui l'un des documents les plus précieux pour l'histoire de leurs missions.

De ce recensement, le contrôle pouvait être exercé par les gouverneurs dans leurs visites : visites peu fréquentes, car la plupart des réductions étaient d'un accès difficile. De même, les évêques, qui eussent pu, en quelque manière, marquer au spirituel la tutelle royale, n'avaient que peu d'intérêt à entreprendre le voyage des missions guaranies, puisque le provincial des Jésuites joignait aux exemptions ordinaires de son ordre le privilège épiscopal de conférer le sacrement de confirmation.

Mais, s'ils tenaient à ce que la protection des agents du Roi ne leur fût pas trop pesante, les missionnaires ne cherchaient aucunement à rejeter la suzeraineté de l'Espagne. Evêques et gouverneurs étaient toujours accueillis par les plus grands égards et l'impôt régulièrement payé. Le portrait du Roi, mis en place d'honneur dans les bâtiments publics, invitait tous les Guaranis à respecter leur souverain. Et pour les guerres continuelles de la colonie contre les Portugais du Brésil, les gens du Roi trouvaient un utile secours dans la milice des réductions.

Cette fidélité à la suzeraineté lointaine de Madrid frappait moins l'esprit des colons espagnols que la suscipion peu flatteuse dans laquelle eux-mêmes étaient tenus par les Jésuites. D'autres motifs contribuaient à rendre les blancs du Paraguay hostiles aux missions : la civilisation relative des Guaranis, reproche vivant de leur système d'esclavage; la concurrence des cultures agricoles; et la prospérité même des réductions.

Dans un pays où les premiers explorateurs cherchaient de l'or comme au Pérou, la richesse croissante des Jésuites et l'isolement mystérieux de leurs établissements firent naître très vite le soupçon qu'ils avaient découvert des gisements du précieux métal. Cette croyance était si bien établie, qu'un auditeur de Charcas put, sur la dénonciation d'un Guarani, organiser une petite expédition pour rechercher les mines exploitées par les religieux. Cette expédition ne trouva rien, sinon la preuve que l'Indien avait menti ; mais elle ne détruisit pas l'erreur des colons américains.

Les adversaires des Jésuites pouvaient étayer leurs accusations sur une base plus solide, en critiquant l'indépendance des réductions. Car les gens de loi, volontiers jaloux de leur autorité, épousaient facilement cette querelle. Ils croyaient servir le Roi en protestant contre la liberté laissée aux religieux de dresser eux-mêmes le recensement des indigènes soumis à la capitation : les Jésuites ne pouvaient-ils en effet diminuer leur nombre pour réduire l'impôt, et frustrer le fisc de ses droits ? Aussi vit-on des plaintes formulées contre eux au Conseil royal des Indes par des gouverneurs et même par un évêque, don Bernardin de Cardenas, qui ferma leur résidence de l'Assomption.

A Madrid, ces accusations ne trouvèrent point d'écho. Dégagée de tous les préjugés coloniaux, la Cour royale apportait dans l'examen des griefs relevés contre les Jésuites toute l'impartialité d'un juge. Certes le roi Philippe IV n'ignorait pas que leurs réductions constituaient une république autonome sur laquelle ses représentants n'avaient que peu d'autorité. Mais il savait que cette république avait été pacifiquement conquise par les prédécesseurs des missionnaires; que ceux-ci avaient persuadé cent mille Indiens à reconnaître la suzeraineté de l'Espagne ; que ces Indiens lui payaient un tribut considérable et qu'ils formaient, en cas de guerre contre le Portugal, des recrues solides pour son armée. Il savait également que l'autonomie des réductions avait sa source dans les privilèges royaux.

Comme tous ses prédécesseurs, ce souverain tint à honneur de mériter le titre de Roi catholique, qui avait fait l'Espagne si grande sous Philippe II. Comme eux, il favorisa l'expansion du catholicisme dans toute l'étendue de ses domaines. L'égide royale continua de couvrir les missions de tous les ordres religieux qui produisaient alors, aux Philippines comme en Amérique, des merveilles de civilisation chrétienne. Or les Jésuites du Paraguay avaient d'autant plus droit à la protection du prince qu'ils étaient davantage calomniés.

Au commencement du XVIIIe siècle, lorsque la couronne d'Espagne eut passé des descendants de Philippe II sur la tête d'un prince de Bourbon, les attaques reprirent avec une nouvelle vivacité. Mais, cette fois, les religieux pouvaient invoquer, pour leur défense, le témoignage du gouverneur de Buenos-Ayres et celui de l'évêque de la même ville, Pierre Faxardo, de l'Ordre de la Merci. « Ces saints missionnaires, écrivait ce prélat à Philippe V, n'ont d'autres ennemis que ceux que leur attirent leurs vertus et leurs actions qui me paraissent héroïques. »

Les Jésuites tinrent à publier une déclaration aussi élogieuse dans leur recueil de *Lettres édifiantes et curieuses.* Ils y faisaient une part très grande au Paraguay, attirant les sympathies des chrétiens d'Europe sur ce coin de terre sauvage où leurs confrères accomplissaient une œuvre grandiose. A leur demande, le savant Muratori abandonnait ses doctes études sur l'antiquité italienne pour raconter l'histoire de leurs établissements.

Dans ce siècle de désarroi intellectuel où les principes les plus stables de toute société étaient journellement remis en cause, la description d'un gouvernement basé sur des formes aussi rares ne pouvait qu'attirer l'attention générale. L'impiété s'en arma contre les Jésuites. Dès lors, les reproches qui leur sont adressés prennent une tournure en quelque sorte doctrinale ; c'est-à-dire que, sans abandonner aucun de leurs griefs antérieurs, les adversaires des religieux insistent sur leur despotisme et sur le prétendu esclavage des Indiens.

Cependant Philippe V ne devait pas renier vis-à-vis des missionnaires l'héritage de ses prédécesseurs. De leur côté, les Jésuites embrassèrent le parti du Roi dans une sédition qui désola le

Paraguay ; leurs indigènes aidèrent le gouverneur de Buenos-Ayres à restaurer l'autorité légitime à l'Assomption. Les uns et les autres furent récompensés de cette fidélité par le décret du 20 décembre 1743 qui renouvela les anciens privilèges des réductions.

Mais, sous le règne des fils de Philippe V, des ministres portèrent au pouvoir les idées néfastes de l' « Encyclopédie ». La suzeraineté des réductions, qui donnait à la couronne, sans aucune charge, un revenu considérable, ne fut plus considérée que comme un titre inutile. Et, pour protéger Buenos-Ayres de la contrebande portugaise, l'Espagne échangea, en 1750, contre la colonie naissante de San Sacramento, toute la rive gauche du Haut-Uruguay. Les sept réductions orientales, contenant une population de 30.000 âmes, étaient ainsi abandonnées sans coup férir.

Non seulement ce traité désastreux concédait au roi de Portugal la suzeraineté du territoire occupé par les missions, mais il spécifiait que les Guaranis devaient abandonner les bourgades construites, les cultures créées au prix de tant de fatigues, pour se retirer avec leurs meubles et leurs troupeaux sur les terres laissées à l'Espagne. Aussi bien n'auraient-ils pu rester sous le sceptre du « Roi très fidèle » dont les Mamelucos de Saint-Paul représentaient la puissance sur l'Uruguay.

Lorsque la population indigène apprit que le souverain d'Europe disposait d'elle au mépris de tous droits, son irritation ne put être contenue. Les commissaires chargés par les deux couronnes de procéder à la délimitation des nouvelles frontières ne purent atteindre le bourg capitale de San Miguel, malgré la présence du Jésuite Altamirano, venu d'Espagne pour les escorter, qui dut s'enfuir avec eux. « Le territoire dont vous prétendez disposer, » leur avait dit le cacique Sépé, « n'appartient qu'à Dieu et qu'à saint Michel. »

C'était en quelque sorte une déclaration de guerre ; avec le concours tacite des curés, le cacique appela sous les armes toutes les milices des réductions pour défendre le territoire concédé. De leur côté, les Portugais, incapables de réduire les indigènes par leurs seules forces, réclamèrent le concours des Espagnols. Une petite armée, forte de 2.500 soldats des deux nations, fut envoyée contre les Guaranis. Sépé ayant été tué dans une première bataille, Nicolas Languiru, corrégidor de Concepcion, prit la direction de ces milices improvisées qui se construisaient des canons avec du bois dur recouvert de cuir. Elles ne purent résister longtemps à des adversaires bien armés et mieux instruits dans l'art de la guerre : le nouveau cacique et 1.200 de ses compagnons trouvèrent la mort dans une sanglante bataille livrée sur la colline de Caybaté près du bourg de San Juan (1756).

A la suite de cette défaite, les sept réductions furent l'une après l'autre emportées d'assaut ou bien abandonnées par leurs défenseurs. Ceux-ci s'enfuirent dans les forêts connues d'eux seuls, d'où ils inquiétaient continuellement les communications de l'ennemi, sans qu'il fût possible de les poursuivre. D'ailleurs les soldats espagnols, quelle que pût être leur animosité personnelle contre les Jésuites, ne combattaient qu'à regret pour le triomphe des éternels rivaux de leur pays. Dès la conclusion du traité, les audiences de Lima et de Charcas avaient protesté contre ses clauses désastreuses ; et l'un des gouverneurs royaux passait pour favoriser secrètement la résistance des Guaranis.

Eclairée par l'héroïque défense de ses sujets, l'Espagne comprit enfin la faute qu'elle avait commise (1761). Elle dénonça le traité de 1750. Les Portugais abandonnèrent la lutte ; et les indigènes purent rentrer dans les ruines des bourgades qu'ils avaient reconquises au prix de leur sang. Cependant leurs chefs spirituels, tournant vers d'autres contrées leur zèle de prosélytisme, fondaient, à l'extrême-nord du Paraguay, la réduction de Belen pour assurer quelques relations avec les Chiquitos du Haut-Pérou.

Les Jésuites triomphaient ; mais la victoire devait leur être fatale. Exaspéré par leur résistance, le tout-puissant ministre du Portugal, Pombal, les avait expulsés en 1759 du royaume de son maître. Cette hostilité s'explique ; ce que l'on comprend moins aisément, c'est que le roi d'Espagne, Charles III, ait cru devoir suivre, huit ans plus tard, l'exemple donné par son rival.

La guerre guaranitique avait eu un grand retentissement par toute l'Europe. Elle pouvait être, auprès des souverains, une arme trop puissante contre la Société de Jésus pour que la philosophie encyclopédiste la laissât oublier. En Espagne, l'on disait que cette guerre avait prouvé le danger de réductions indépendantes, dont les chefs n'étaient pas tous sujets du Roi ; l'on prétendait que les Jésuites du Paraguay se concertaient avec ceux du Pérou pour constituer dans le Nouveau Monde un vaste empire indien. A ces accusations, les religieux auraient pu répondre que la résistance de leurs chrétiens aux ordres de Madrid avait délivré l'Espagne d'un traité dangereux pour l'avenir de ses colonies.

Mais il y a des époques où la société entière semble prise de vertige, où ceux-là qui en ont la garde précipitent leur chute en suivant les conseils de leurs adversaires les plus irréconciliables. Telle était, à la fin du XVIIIe siècle, la politique du roi de France, Louis XV ; telle fut, à son instigation, celle des Bourbons qui gouvernaient l'Espagne et les Deux-Siciles.

Par la Pragmatique Sanction du 2 avril 1767, la Majesté Catholique de Charles III expulsa les Jésuites de tous ses royaumes d'Europe et d'Amérique. Des instructions avaient été préalablement envoyées à tous les représentants du pouvoir pour que l'édit fût exécuté le jour même où il était promulgué.

Le gouverneur de Buenos-Ayres, don Francisco

Bucarelli, était un homme violent, connu par ses démêlés avec les Jésuites, qui appliqua sans délai les ordres du Roi. Les religieux des résidences urbaines furent emprisonnés le même jour, leurs biens confisqués et le florissant collège de Cordoba transféré aux Dominicains. Puis, après s'être assuré quelques intelligences parmi les corrégidors des réductions, Bucarelli fit marcher contre elles une petite armée. Cet appareil de guerre était inutile; atterrés par la débâcle de leur Ordre, les Jésuites n'étaient pas disposés à tenter une résistance inutile. Ils suivirent docilement le gouverneur qui, sitôt arrivés à Buenos-Ayres, les embarquait pour l'Europe.

A l'heure où cette exécution brutale la détruisait pour toujours, la province religieuse du Paraguay comptait, tant dans les missions que dans les collèges et les résidences de la Plata, 303 personnes dont 208 prêtres. La population civile des réductions, bien que réduite depuis la guerre, devait atteindre cent mille âmes (1), sans y comprendre les Chiquitos (2).

Aujourd'hui que les adversaires de l'Eglise tendent de plus en plus à préconiser une solution communiste de la question sociale, il est curieux

(1) Exactement 93.978, après une épidémie de variole, en 1764, dernière année pour laquelle on ait un recensement précis.

(2) Ceux-ci comptaient alors 19.981 habitants, d'après les archives récemment publiées par le gouvernement bolivien. Les mêmes documents nous apprennent que les missions péruviennes des Moxos, qui furent sécularisées également, renfermaient 18.535 indigènes. Les prêtres étaient au nombre de 47 dans les deux groupes.

de rappeler que les « philosophes » dont ils se disent les fils ont causé la chute du seul gouvernement communautaire qui ait jamais prospéré.

V

Les réductions depuis le départ des Jésuites.

Pour remplacer les Jésuites, l'édit de Charles III faisait appel aux religieux des autres ordres. Dans les réductions du Paraguay, ce furent surtout des Franciscains que les gouverneurs installèrent comme curés et comme vicaires. Leur présence devait certainement atténuer les désastreuses conséquences de l'iniquité commise. Mais, institués par les adversaires des congrégations, ces religieux ne devaient pas jouir de la même indépendance que leurs devanciers.

A côté d'eux fut placé, dans chaque bourgade, un majordome civil, dépendant de lieutenants-gouverneurs qui obéissaient tous à un gouverneur général des missions; celui-ci résidait à Candelaria sur le Parana, choisi pour chef-lieu à cause de sa situation centrale. Les administrateurs n'étaient pas isolés au milieu des indigènes; le ministre d'Espagne, comte d'Aranda, avait pris soin, en adressant aux gouverneurs des Indes ses instructions pour l'exécution de l'édit royal, de leur recommander l'installation de quelques Espagnols dans les missions jusqu'alors fermées au commerce extérieur (art. 5).

Le régime social des Guaranis ne subit tout d'abord que des modifications d'importance secondaire. Les concessions de maisons et de terres, que les Jésuites avaient faites dans les dernières années, furent maintenues : les indigènes purent disposer, pour leur culture, d'une semaine sur deux, l'autre étant réservée au travail de la commuuauté. Si celle-ci ne subvenait plus, comme au XVIIe siècle, à tous les besoins, elle distribuait encore des rations régulières de viande, de sel, de *yerba-maté* et une certaine quantité d'étoffe pour les vêtements. Les femmes recevaient, chaque semaine, dix onces de coton à filer, sous peine de châtiment corporel.

Car, loin d'abolir ce système de répression tant critiqué, les nouveaux maîtres des réductions le rendirent d'un usage plus général. Et tandis que l'on ameutait la populace de Buenos-Ayres contre les religieux expulsés, en lui montrant des Guaranis qui se plaignaient de la sévérité des Jésuites, les militaires envoyés dans les missions gouvernaient les indigènes avec une brutalité plus grande. Cependant ils avaient conservé, en même temps que les châtiments corporels, les usages chers aux Indiens : réveil au tambour, messe du matin avec musique, départ solennel au travail.

Ainsi le gouvernement civil ne jugea pas nécessaire d'abolir le régime que l'on avait reproché aux Jésuites comme une organisation de l'esclavage. Mais ce mot devint une réalité. En effet, les nouveaux administrateurs ne pouvaient montrer le même désintéressement que des religieux ayant renoncé par des vœux solennels à leur personnalité. Soldats pour la plupart, ils considéraient leur séjour dans les réductions comme un exil en pays sauvage, d'où ils cherchaient à tirer matériellement profit. Leurs familles employaient les indigènes comme de véritables esclaves ; et, quand les administrateurs n'avaient pas de proches, les colons espagnols, venus avec eux dans les réductions, se chargeaient de faire tourner le travail des Guaranis à leur avantage personnel. Quelques-uns de ceux-ci furent envoyés jusqu'à Buenos-Ayres pour le service des particuliers.

Eussent-ils voulu sincèrement le bien de leurs sujets, que les nouveaux maîtres n'auraient pu les garder de toute exploitation ! La richesse des Jésuites ayant été l'un des mobiles de leur expulsion, le gouvernement entendait verser dans le trésor royal le bénéfice présumé des réductions. Mais ce bénéfice, qui servait d'ailleurs à l'entretien des communautés, provenait surtout de la sage administration des Pères. Or l'entretien des commissaires civils coûtait beaucoup plus cher que celui des religieux.

D'autre part, pour tirer un profit immédiat de la fortune confisquée, les autorités espagnoles avaient mis en vente les fermes, les *estancias* florissantes, qui formaient une dépendance des missions ; mais, soit scrupules religieux, soit difficultés d'exploitation, elles ne trouvèrent pas d'acquéreurs et perdirent rapidement toute leur culture. Enfin, sous le nouveau régime, les bénéfices étaient soigneusement filtrés à Buenos-Ayres par l'intendant royal qui centralisait les recettes et ordonnançait les dépenses de toutes les réductions.

Aussi le trésor royal ne recevait-il que peu de chose, en dehors de la capitation prélevée avant toute autre dépense. Mais les pauvres de Buenos-Ayres perdaient d'abondantes aumônes ; et les belles églises des réductions, pour lesquelles les Jésuites réservaient leurs bénéfices, tombaient peu à peu en ruine.

Et, comme le gouvernement se plaignait de retirer un si maigre avantage de l'exploitation d'une contrée réputée riche, les administrateurs, plutôt que de mettre de l'ordre dans leur gestion, aimaient mieux astreindre les indigènes à un travail excessif. En fait, le nouveau régime ressemblait à celui des anciennes « commanderies de serfs ».

Quant aux religieux franciscains, ils n'avaient aucune autorité sur les représentants du gouvernement dont ils tenaient une charge enlevée à ses légitimes détenteurs. Ce défaut d'origine, joint au manque de cohésion de leurs efforts, leur créait une situation difficile. Les premiers venus d'entre eux ne possédaient ni la connaissance de la langue guaranie, ni la préparation nécessaire à la vie spéciale des réductions. Et les indigènes leur pardonnaient difficilement d'avoir pris la place des Jésuites.

Ces divers motifs expliquent la rapide décadence du pays. Trente ans après l'expulsion de ses fondateurs, la population n'atteignait plus 60.000 âmes ; c'est dire qu'elle avait, en temps de paix, diminué de plus du tiers. Un grand nombre d'indigènes avaient fui leurs maisons pour retourner dans les forêts, où la vie sauvage les reconquérait. C'est ce moment qu'un gouverneur espagnol choisit pour tenter l'abolition du régime communautaire. Il n'y put réussir, mais le mécontentement des Guaranis hâta la dépopulation de leurs bourgades.

Au commencement du XIXe siècle, les réductions du Paraguay souffrirent de tous les désordres qui préludaient à l'émancipation de l'Amérique espagnole. Elles n'avaient plus entre elles, depuis le départ des Jésuites, une cohésion assez étroite pour maintenir par la force leur neutralité dans les guerres intestines. En 1801, les Brésiliens reprirent les sept missions orientales ; instruits par une première expérience, ils conservèrent les institutions sociales des indigènes, mais ils transformèrent les bourgades en forteresses et les habitants en soldats pour attaquer les autres colonies espagnoles. Dès lors, les missions situées sur l'autre rive de l'Uruguay, qui étaient entre toutes les plus prospères, devinrent le théâtre d'une guerre sanglante, jusqu'à ce que, pendant l'année

1817, le général brésilien Chagas en ordonnât la destruction systématique.

Les Indiens prisonniers furent emmenés en esclavage ou répartis entre les réductions brésiliennes. Un certain nombre parvinrent à traverser le Parana pour rejoindre leurs frères restés sous la domination espagnole. D'autres s'enfuirent dans les forêts. Et, quelque trente ans plus tard, des voyageurs paraguayens découvraient, perdue parmi les sauvages du Nord, une petite colonie de Guaranis, qui, malgré l'absence de tout prêtre, étaient restés fidèles à leur foi chrétienne en même temps qu'aux institutions de leurs anciennes communautés. Tant était solide la culture religieuse et sociale que la forte discipline des Jésuites avait implantée dans l'âme de cette nation primitive !

Ceux des Guaranis qui étaient demeurés en contact permanent avec la civilisation ne devaient pas attendre d'elle un sort plus heureux. En 1828, par représailles, les Argentins décimèrent les missions brésiliennes. Seules restaient debout les onze réductions situées entre le Parana et le Paraguay. La jalouse indépendance du directeur de l'Assomption, Francia, qui fermait aux étrangers l'accès de sa république, préserva longtemps ces établissements de la ruine. Mais, en 1848, le successeur de Francia, Lopez, abolit le régime communautaire pour mettre la main sur les biens des réductions. Par cette mesure « libérale », les Guaranis furent obligés de payer à la république le loyer des maisons dont les anciennes communautés leur concédaient gratuitement l'usage. Aussi beaucoup d'entre eux préférèrent-ils, à leur tour, chercher un refuge dans les bois.

La population indigène de ces dernières réductions était tombée à 6.000 lorsque le Dr Martin de Moussy les visita quelques années plus tard. C'étaient cependant les seuls héritiers de la florissante république chrétienne. Sur l'autre rive du Parana, l'explorateur français ne trouva guère que des familles isolées qui, fidèles aux traditions anciennes, se rendaient le dimanche dans les ruines des églises pour dire leurs prières en commun sous la direction d'un vieillard. Quelques villages avaient été si complètement détruits que les habitants de la contrée ignoraient même leur emplacement. L'ancienne capitale, Yapeyu, était couverte d'une forêt impénétrable. A San-Carlos, les jaguars habitaient seuls.

Tout autre était la situation des réductions établies chez les Chiquitos du Haut-Pérou. Fondées plus tardivement sous un climat torride, dans un pays d'accès difficile, elles n'excitaient pas les mêmes convoitises que leurs sœurs du Midi ; c'est ce qui les sauva (1). Ces réductions n'étaient pas environnées de colonies espagnoles, mais de missions franciscaines avec lesquelles elles formèrent une province importante lorsque des religieux du même ordre eurent été substitués aux Jésuites.

(1) De ces onze réductions, une seule, San Ignacio de Zamucos, fut évacuée très peu de temps après l'expulsion des Jésuites.

Protégées par l'audience de Charcas, puis, après l'émancipation, par les autorités boliviennes, elles jouirent d'une prospérité moyenne sans jamais acquérir l'éclat des réductions du Paraguay. Le régime de la communauté s'y est conservé jusque fort avant dans le dernier siècle, avec les atténuations apportées à son principe lors de l'expulsion des Jésuites. Leur administration était mixte : ecclésiastique par le curé franciscain, civile par le corrégidor bolivien représentant le gouvernement Chuquisaca.

Aujourd'hui le même régime subsiste dans certains départements de la Bolivie ; les missions les plus anciennes, dont celles fondées par les Jésuites, ont été érigées en cantons civils. Elles forment les deux provinces de Velasco et de Chiquitos, dont la population atteint un chiffre (1) légèrement supérieur à celui que ces réductions avaient sous la domination exclusive des religieux. Mais beaucoup de blancs et de métis s'y sont mêlés aux indigènes.

Dans le bassin du Parana, les bourgades jésuitiques tendent également, depuis quelques années, à se relever de leurs ruines. Non que les descendants des Guaranis y viennent rétablir leur république à jamais disparue ; mais parce que l'émigration européenne se porte vers ces régions

(1) 23.038 dans les dix missions, d'après le recensement de 1900. Les réductions péruviennes, réparties aujourd'hui entre les provinces de Mojos, de Yacuma et d'Itenez, jouissent d'une situation aussi florissante.

tempérées, attirant avec elle les Américains trop à l'étroit dans leurs grandes villes du littoral.

Sur la rive gauche de l'Uruguay, les sept réductions brésiliennes renaissent de leurs cendres. Les chemins de fer du Rio Grande do Sul s'arrêtent à quelques kilomètres de l'une des anciennes stations jésuitiques, San Borja, qu'ils traverseront aux prochains jours. Dans la République Argentine, où elles forment le Territoire des Missions (1), les bourgades détruites en 1817 se repeuplent plus lentement. Cependant deux de leurs départements (communes) dépassent deux mille habitants ; dans ce nombre, les étrangers figurent pour une moitié.

Le même retour de prospérité se dessine au Paraguay (2), bien que le pays reste plus rebelle aux infiltrations étrangères : les nationaux, blancs ou métis, se portent en nombre vers certains des emplacements choisis par les Jésuites avec leur habituel esprit de méthode. L'une des petites missions de Taruma, San Estanislao, tend à devenir une ville ; c'est actuellement la plus peuplée de toutes les anciennes réductions du bassin de la Plata (3). Mais partout, la pure race Guaranie ne représente plus qu'une portion, numériquement

(1) La Cruz et San Tomé appartiennent à l'Etat de Corrientes ; Yapeyu et Martirès n'existent plus.

(2) Itapua et Belen n'existent plus ; Jésus et Trinidad sont fondues ensemble.

(3) En Bolivie, Concepcion compte 5.767 habitants (recensement de 1900), alors que San Estanislao n'en avait que 4.196 en 1888.

très faible et socialement misérable, de la population (1).

Ainsi la civilisation rentre dans cette contrée, un siècle après que l'intolérance religieuse l'en a chassée. Mais, tandis que les Jésuites mettaient leur savoir au service des indigènes pour les faire avancer dans la voie du progrès moral, la colonisation contemporaine les repousse devant elle à moins qu'elle ne les exploite pour s'enrichir de leur travail. D'ici quelques années, sous l'impitoyable loi de la concurrence moderne, les Guaranis « s'en iront sans en excepter un seul », écrit un moderne historien de Bolivie (2), « comme « s'en sont allés les Indiens de l'ouest aux Etats-« Unis... comme s'en sont allés les seigneurs « naturels de l'Australie, comme s'en vont les « Pampas enlevées sans espoir à leurs fils les « Gauchos... comme s'en vont les fidèles mission-« naires qui ont donné naissance à ces pauvres « pages d'histoire. »

C'est là tout le regret que la science moderne accorde à cette race douce, loyale et hospitalière, avant de justifier l'œuvre exterminatrice de la civilisation par les grands mots sonores d'évolution biologique et de progrès.

(1) Voici les chiffres de la population totale des anciennes réductions d'après les statistiques officielles : 12.180 pour les 8 missions du Paraguay (1888) et 15.795 pour les 13 missions de l'Argentine (1895). Nous n'avons pu trouver de statistique précise pour le Brésil, mais les sept missions de ce pays doivent compter environ 7.000 habitants. Le total général, 35.000 environ, atteint à peine le tiers de la population, entièrement guaranie, constatée dans la même région sous la domination des Jésuites.

(2) René-Moreno, p. 135.

VI

Conclusion.

Nous avons insisté sur le sort des réductions après le départ des Jésuites pour laisser aux faits eux-mêmes le soin de dégager une conclusion. En vérité, l'histoire du Paraguay peut être condensée en trois phases : au XVIe siècle, les Guaranis formaient des tribus sauvages ; les Jésuites en ont fait, pendant cent cinquante ans, un peuple organisé, riche, possesseur de bourgades florissantes, assez fort pour résister au Portugal ; aujourd'hui les quelques descendants de cette nation puissante, qui ne sont pas retombés dans la barbarie, végètent misérablement au service des blancs et des métis.

De ce que le régime communautaire a produit d'admirables fruits au Paraguay sous l'égide des Jésuites, en peut-on conclure que son application serait excellente en nos pays ? Evidemment non, car les Guaranis ne ressemblent aucunement aux peuples de la vieille Europe. En dehors même des différences, pourtant importantes, de la race et du climat, la civilisation a creusé un abîme entre l'activité complexe des uns et l'état primitif des autres.

Au vrai, l'histoire universelle tend à démontrer

que le régime communautaire marque l'un des premiers âges dans la vie des sociétés humaines. En France, depuis mille ans au moins, les suppressions de l'esclavage, puis du servage, enfin, en 1789, des droits féodaux, ont favorisé, par une loi constante de progression, l'accession des pauvres à la propriété individuelle. De ce chef, l'on est fondé à dire que le développement actuel des théories communistes dans notre pays constitue, pour employer un mot à la mode, une tentative de régression.

Mais si l'heureux exemple des réductions ne fournit aucun argument solide pour affirmer l'excellence doctrinale du communisme, l'on en peut cependant déduire diverses conséquences d'ordre général. Pour tout catholique, il en est une qui s'impose avant les autres. Si la Société de Jésus a organisé le régime communautaire dans ses missions, si surtout elle l'y a maintenu près de deux siècles, c'est que ce régime n'est pas en opposition avec les lois de l'Eglise.

Nous voudrions préciser notre pensée sur ce point délicat, pour que les lecteurs ne soient pas tentés d'y voir une affirmation de foi socialiste. La doctrine qui porte ce nom a été condamnée par les Papes, en tant qu'elle apparaît aujourd'hui escortée de théories directement contraires au dogme et à la morale. Au point de vue strict de la répartition de la fortune publique, elle est néfaste lorsqu'elle nie toute légitimité à la propriété individuelle et lorsqu'elle réclame une spoliation des droits acquis. L'Eglise, dépositaire de la vérité et tutrice née des faibles, ne peut accepter sans protestation ni cette erreur, ni cette injustice.

Mais supposons pour un instant le communisme organisé dans un pays catholique, soit par la renonciation volontaire des citoyens à leur fortune personnelle, soit par la suppression graduelle des héritages, soit même par la spoliation, à condition toutefois que celle-ci soit couverte par une prescription suffisante. Aucun obstacle dogmatique ne s'opposerait, croyons-nous, de la part de l'Eglise, à ce que cette société prît des mesures légales pour interdire la reconstitution de la propriété individuelle. C'est en quelque manière ce qui est arrivé dans les réductions, où les Jésuites concédèrent aux communautés, pour le plus grand bien de leurs membres, les terres qu'ils avaient conquises à la culture.

Nous ajouterons (et c'est notre véritable conclusion) qu'à notre sens la réalisation du système communiste postule la reconnaissance de l'Eglise ou tout au moins d'une foi commune. Il est hors de doute que ce régime exceptionnel ne se peut établir sans porter atteinte à la liberté individuelle. Celle-ci n'existait pas au Paraguay ; mais le joug des Jésuites ne pesait pas trop lourdement sur leurs sujets, parce qu'il était tempéré par la religion. C'est parce qu'ils étaient chrétiens que les Guaranis obéissaient docilement aux ordres des missionnaires ; c'est également parce qu'ils étaient chrétiens que les missionnaires tournaient leur toute-puissance au bénéfice des Guaranis. La loi divine, autorité suprême reconnue par les uns et par les autres, sauvegardait le peuple de la révolte et le souverain de la tyrannie.

Cette nécessité d'un lien religieux avait été sentie par Saint-Simon, le fondateur français du socialisme. Mais nos modernes interprètes de théories germaniques veulent remplacer par l'étiquette d'une fausse science le mysticisme, parfois bizarre, de leur précurseur. Non seulement ils approuvent contre l'Eglise catholique les injustices les plus flagrantes ; non seulement ils déclarent rejeter toute religion ; mais ils s'attaquent aux forces morales les plus nécessaires à la vie d'une République, comme l'idée même de patrie. Pourtant ce n'est pas une notion scientifiquement inexacte de la solidarité, ni un amour pour l'humanité, d'autant plus vague qu'il s'affiche plus universel, qui pourront suppléer à leurs destructions.

Logiquement, toutes les doctrines communistes découlent de la croyance à l'égalité, ou mieux à la fraternité des hommes, qui est d'origine nettement chrétienne. Donc, lorsqu'ils s'acharnent contre la foi du Christ, les socialistes contemporains sapent la base véritable du régime dont ils prétendent désirer l'instauration. C'est pourquoi leur œuvre est par avance marquée au coin de la stérilité. Et si le mauvais destin de notre France veut qu'ils en deviennent un jour les maîtres, ils n'y pourront qu'accumuler les ruines.

BIBLIOGRAPHIE [1]

CHARLEVOIX (Le P. Pierre-François-Xavier de). — *Histoire du Paraguay.* — Paris, 1757. 3 vol. in-4° ou 6 vol. in-12.

Lettres édifiantes et curieuses écrites des Missions étrangères. Nouvelle édition. Mémoires d'Amérique. t. VIII et IX. — Toulouse, 1810. In-12.

MARTIN DE MOUSSY (Dr). — *Mémoire historique sur la décadence et la ruine des Missions des Jésuites dans le bassin de la Plata.* — Paris, 1864. In-8°.

MORE (Thomas). — *De optimo reipublicæ statu deque nova insula Utopia libellus vere aureus.* — Louvain, 1548. In-8°. (Edition due aux soins D'ERASME DE ROTTERDAM.)

MURATORI (Lodovico Antonio). — *Il Cristianesimo felice nelle missioni de' Padri della Compagnia di Gesù nel Paraguai.* — Venise, 1743-1749. 2 vol. in-4°.

ORBIGNY (Alcide d'). — *Voyage dans l'Amérique méridionale,* t. II et III, 1re partie. — Paris, 1839-1844. In-fol.

Recueil des ordres donnés pour le bannissement des religieux de la Compagnie de Jésus d'Espagne, des isles adjacentes, etc. — Paris, 1767. In-12.

RENÉ-MORENO. — *Biblioteca Boliviana. Catalogo del archivo de Mojos y Chiquitos.* — Santiago de Chili, 1888. In-8°.

(1) On n'a cru devoir mentionner ici que les plus importants des ouvrages consultés. La liste se serait démesurément grossie s'il avait fallu y insérer tous ceux qui ont parlé des célèbres Missions.

TABLE DES MATIÈRES

1261-06. — Imp. des Orph.-App., F. Blétit, 40, rue La Fontaine, Paris.

www.ingramcontent.com/pod-product-compliance
Ingram Content Group UK Ltd.
Pitfield, Milton Keynes, MK11 3LW, UK
UKHW020328220726
13923UKWH00003B/1436